VIAGEM PELOS LIVROS

Copyright do texto © 2011 Xavier Zarco
Copyright da edição © 2011 Escrituras Editora

Todos os direitos desta edição reservados à
Escrituras Editora e Distribuidora de Livros Ltda.
Rua Maestro Callia, 123 – Vila Mariana – São Paulo, SP – 04012-100
Tel.: (11) 5904-4499 / Fax: (11) 5904-4495
escrituras@escrituras.com.br
www.escrituras.com.br

Diretor editorial: Raimundo Gadelha
Coordenação editorial: Mariana Cardoso
Assistente editorial: Ravi Macario
Revisão: Jonas Pinheiro e Carolina Ferraz
Capa, projeto gráfico e diagramação: Ligia Daghes
Impressão: Corprint

Dados Internacionais de Catalogação na Publicação (CIP)
(Câmara Brasileira do Livro, SP, Brasil)

Zarco, Xavier
    Viagem pelos livros / Xavier Zarco. –
São Paulo: Escrituras Editora, 2011.

    ISBN 978-85-7531-403-6

    1. Poesia portuguesa I. Título.

11-06693   CDD-869.1

Índices para catálogo sistemático:
1. Poesia: Literatura portuguesa 869.1

Impresso no Brasil
Printed in Brazil

Xavier Zarco

VIAGEM PELOS LIVROS

São Paulo, 2011

SUMÁRIO

O LIVRO DOS MURMÚRIOS 7

O GUARDADOR DAS ÁGUAS 19

O FOGO A CINZA 29

VARIAÇÕES SOBRE TEMA DE VÍTOR
MATOS E SÁ: INVENÇÃO DE EROS 37

O LIVRO DO REGRESSO 47

NOVE CICLOS PARA UM POEMA 63

LIÇÕES DE THANATOS 79

25 CRAVOS DE ABRIL 87

COIMBRA AO SOM DA ÁGUA 103

MONTE MAIOR SOBRE O MONDEGO 117

DIZER DO PÓ 129

ANOTAÇÕES SOBRE OS OLHARES NO ÓLEO
SOBRE TELA "RETRATO DE MULHER
OU LE DÉJEUNER" DE
MANUEL JARDIM 135

O LIVRO DOS MURMÚRIOS
(Palimage Editores, Viseu, Portugal, 1998)

*

de súbito
o desejo

marés
de sentidos

percorrendo

oceanos
de ternura

*

das ondas
o murmúrio

esculpido

no ventre
das conchas

*

sentir

no voo
da garça

a suave
nudez
do ser

o recolher
da breve
espuma

ao mar
exposto

da alma

    *

as redes
lançadas

o que buscam
é um sonho

o eterno
descobrir

de uma chama
efémera

na face
da esperança

    *

despoja
as mãos

liberta-as
do vento

o mar
espera

que a vida
em sua palma

sulque
o rumo

de infinito
e solidão

*

primeiro
a voz

o verso
exposto

o batel
do poema

a navegação
da palavra

a impossível
ceifa

de um mor
sentido

*

o vento
enfuna

a espuma

o rigor
das ondas

refulgentes

*

urge
o esboço

a epiderme
do espanto

crispada
de desejo

*

o fim
do poema

esventrado
inútil

perdido
no branco

da página
de um livro

a pó
impresso

*

desperta
o gesto

desprende
as palavras

a música
das sílabas

por onde aves
simulam

a queda
o silêncio

*

morde
as arestas
do tempo

e demanda
o espelho

onde o olhar
se perde
e se transforma

na forma
dos teus sonhos

    *

descalço

o vento
promove
carícias

nas ondas
do mar

    *

no dorso
do canto

a ave
iluminada

    *

corpo

vaso
onde
as vozes
se entregam

ao desejo
de voar

    *

esboça
a queda

o retorno
do silêncio

à matriz
da memória

*

a estátua
liquefeita

ou o poema
reconstruído

sob o cinzel
do tempo

*

escrever

breve
o murmúrio
do vento

no dorso
dos cavalos
do verso

*

acaricia

a noite
cai

desce
a névoa

ou o retábulo
embutido

na madeira
original

*

em espiral
nasce

do caos
o cosmos

do dervish
a dança

do silêncio
a melodia

ascende

*

ao centro
a voz

o poema
arde

na boca
que o proclama

*

partir

correr
horizontes

sair
do corpo
efémero

e voar

*

abertas
as portas
do vento

e sentir
a ausência
das asas

crescendo
no secreto
envoltório
que caindo
ascende
e se supera

*

entre
margens

o rio
correndo

rumo
ao sal

ao centro
da luz
difusa

ao ventre
do prometido
fim

*

saber
do sabor
de ser
livre

e soltar
as rédeas
do desejo

e correr
em torno
da luz
extrema

como candeia
suspensa
por um grito
contido

*

crivar
na madeira
a memória
dos tempos

abrir
fendas
no oculto
desejo
de arriscar

o prenúncio
da queda

*

adormeço
é tempo
do tempo
perder

do cansaço
a almofada
espera

que em sonhos
flutue
e ao cosmos
regresse

   *

espero
o que espera

porque sei
da palavra
escrita

que o vento
apagou

   *

ícaro
agarra
nas asas
do poema

esboça
o abismo
a queda

mas voa

O GUARDADOR DAS ÁGUAS
Prémio de Poesia Vítor Matos e Sá – 2004,
organizado pelo Conselho Científico da Faculdade
de Letras da Universidade de Coimbra
(Mar da Palavra, Coimbra, Portugal, 2005)

*

Era de noite.

De breu se vestiam os montes,
a face do céu.

Por onde
vagueasse o olhar,
velas cintilavam
nas cortinas do cansaço

que os dedos do vento
acariciavam.

*

Era longa,
a noite.

Manta tecida e estendida
pelos campos

que desconhecidas mãos
regiam

ao ritmo das estações.

*

Em casa,
no silêncio habitado da memória,

a lareira

cantava o destino
da madeira.

*

O guardador das águas
mergulhava
serenamente a cabeça
entre as mãos,
de cotovelos crivados,
suspensos
nas ombreiras dos joelhos.

*

Sentia os acordes do fogo,
suavemente,
navegando em suas veias.

*

No seu olhar,
as chamas dançavam,

mas o seu destino era outro,

não este
de moldador do fogo.

*

Guardava as águas,
desenhava-lhes o curso.

Sob o alcance do seu gesto,
o sussurrar das águas
na epiderme da terra,

na rude face das pedras,

a sede saciada
da terra cultivada.

*

Ouve.

Desenha-se o gesto,

o corpo da enxada
ferindo
o frágil e fértil corpo
da terra.

*

Libertos,
há cavalos no vento.

Ouvem-se na voz da brisa.

A tarde deita-se nos penedos,
aguarda o parto das estrelas,
dos cometas.

Os cavalos regressam,
relincham entre a folhagem.

*

Escuta-os.

Iniciam o cântico da noite.

O nocturno despertar
de outras viagens.

*

Cedo,
aprendera a arte de domar
a vertigem das águas,

a moldar
rigorosos sulcos
na face dos caminhos,

o afago das águas
correndo
montes,
trilhos

até à raiz
serena do pão.

*

Sobre a mesa,
o mistério do vinho

e da broa,
do queijo e da azeitona.
O sabor das lágrimas
e dos risos.

O ritmo íntimo das vozes
no entoo da jorna.

*

No côncavo das mãos,
iniciara o gesto.

Colhera a frescura
da nascente.

O verbo iluminado de um segredo,

de quem aprendeu
a adiar
o próprio destino.

*

Sabia de uma guitarra
que aconchegava as vozes
nas noites de inverno.

Do vinho jorrando
em fontanários de madeira.

Dos corpos celebrando
a conjugação
das colheitas.

Não sabia do mar,
não partilhava o destino
dos rios.

O seu sonho era ficar.

Guiar a água
que guardava.

*

A serpente ardia à boca da pedra.

Esta gemia
na lucidez da água.

A serpente mudara de pele.

Era agora
o corpo da água

pelo chão serpenteando.

*

Ouve-se
ao longe,
o cântico de um galo.

Entre montes,
abrem-se,
em preguiça,
os olhos do sol.

Seus braços esboçam,
tímidos,
o abraço ao lugarejo.

Este responde.

Acordam homens e utensílios.

A terra aguarda o cultivo
ou a colheita,
os caminhos de água
reabertos.

    *

Vão para os pastos os pastores,
os cães,
os rebanhos manhã dentro.

Vão rumo às arestas
do nascente.

Aos braços
da erva enamorada.

    *

Não há crianças aqui.

O verão as traz
e o verão as leva.

Foram
primeiro
com o árduo vento,

a fria neve,
a agreste terra.

Como as águas
rumo ao mar.

Como as aves
rumo ao pleno sol.

Ficaram as casas,
seus rituais ancestrais
e as pedras,

as pedras com memória.

*

As pálpebras do círculo do fogo
tremem.

Sentem o peso das horas
do dia que declina.

O desejo
de se fecharem para o mundo.

De sentir
o feminino corpo da noite.

E fecundá-lo de estrelas,
do cântico dos grilos,
de sonhos.

*

No cessar de cada tarde,
o guardador recolhia
os artefactos do rigor
com que tecia o destino das águas.

Sentava-se junto à árvore
que plantara
ainda criança.

Seu olhar repousava
no limiar do horizonte.

Amanhã,
sabia,
o sol iria brilhar.

*

Era o tempo
do sereno
recolher das aves.

Nas folhas de outono
se desenhava o seu voo.

Em breve,
chegaria a chuva,
o frio,
a neve.

Em breve,
o borralho aquecendo a solidão.

*

Chegara ao fim do caminho.

O preso cabelo do vento
soltara-se.

Ondulava no dorso dos montes.

Sente-se nos cascos
apressados
do poente.

O FOGO A CINZA
Prémio de Poesia no Concurso Literário Manuel
Maria Barbosa du Bocage – 2004, organizado pela
LASA – Liga dos Amigos de Setúbal e Azeitão.
(LASA, Setúbal, Portugal, 2005)

*

moldava o pai o fogo das palavras
o filho observava o acordar
da chama
o murmúrio do fole

ancestral era o gesto soletrado
as sílabas do malho
no cântico da bigorna

*

serena é a arte do sol
o preciso conjugar
do nascimento e da morte
o bailado das sombras

ou a mesura do gesto
com que as mãos o olhar e a alma profanam
os segredos dos deuses

*

na forja a lenta combustão
do silêncio
entre risos e acordes
libertos da memória das árvores

línguas de fogo lambendo
a face das pedras
esboçando a ciência da música

*

alada a palavra
como corpo da faúlha
desenhando na noite
a memória de um cometa

ou o olhar
amplo aberto ao sonho
da criação da forma de um poema

*

forte o sopro no côncavo das mãos
repousa a vontade
o ritmo descoberto
no arco que se desenha pelo espaço

cada palavra é um corpo
moldado e pronunciado
ao rigor dos sentidos

*

fria bate-se a angústia do pão
forjado o ferro engalanando
soberbo no varandim
da casa senhorial
a fogo o suor trabalha

a dura epiderme o olhar
tombando sobre a mesa da fome

*

tece-se a oiro a bordadura
do templo
breve é a chama
branca e pura que lhe toca

a oiro fino se tece
o desígnio do fogo
o destino de um corpo a demandar

*

remexe a tenaz a madeira
afaga-lhe lento o fogo
a face
esboça-lhe o caminho de ser cinza

o ferro rubro
aguarda a dor a forma
a água como unguento

*

nomeiam-se os instrumentos
os artefactos do ofício
quando o sol desperta
e acorda os sentidos

acende-se a forja
e a cada nome um rosto corresponde
cada qual em seu mister

*

a noite é este silêncio
esta coberta
tecida a luz sobre o negro pano
o olhar sereno a descobre

ou as mãos colhem o gesto
que deuses ancestrais
semearam no início dos tempos

*

no bojo de um qualquer vesúvio
se desenha o fim de um trilho
uma pompeia eterna
esculpida em cinza

o corpo de um poema
semeado em silêncio
na memória do tempo

*

secreto o fogo a gota do orvalho
na face ardendo
na face da pétala
criando esventrando a luz

o olhar que se molda
às próprias matizes
do espanto

*

consomem-se palavras na lareira
a noite fria foge
do corpo da madeira
crepitante

ou das histórias
de era uma vez
que esvoaçam ao redor

*

no corpo do poema
planta-se rigorosa a flor de maio
esta brilha
na conjugação do templo

reaberta
a fornalha espera
a pétala primeira de uma estrofe

*

na planura a fogueira ao centro o círculo
de pedras a convoca
as chamas ascendem e cantam
qual oráculo o futuro

recolho as labaredas
no côncavo das mãos
guardo-as no interstício de um verso

*

domam-se as feras
o circo ergue a sua tenda
desafia a noite
com seu brilho

o domador do fogo
observa as feras domadas
observa como brincam pelo céu

*

queimam na boca as palavras
o ritmo as incita
revoltam-se
ferem os lábios da pedra

escuta-as
na breve fenda de um poema
nascem pela alvorada de um só verso

*

rigorosa
a chama invade o corpo da madeira
engravida-a de luz e cor
de sílabas

estas evolam pela casa
inscrevem-se a cinza
na memória das pedras

*

é na casa
que as palavras ganham asas
e habitam o olhar de espanto
de mistério

é na casa do poema
em seus rituais
que se decifram todos os sentidos

*

abre-se uma janela sobre o mundo
o olhar é uma criança
que mergulha as mãos
nas labaredas do poema

que colhe os acordes do sonho
e semeia
o ritmo das estações

*

bebe-se o ar de um só trago
o travo dos frutos
que pintarão
a aguarela da paisagem

mas outros serão os sentidos
que interrogaram
a madeira na idade do fogo

VARIAÇÕES SOBRE TEMA DE VÍTOR MATOS E SÁ: INVENÇÃO DE EROS

Prémio de Poesia Vítor Matos e Sá – 2007,
organizado pelo Conselho Científico da Faculdade
de Letras da Universidade de Coimbra
(Edium Editores, Matosinhos, 2007)

Nota prévia:
Este ciclo nasce, tal como o próprio título indicia, de um tema, um poema de Vítor Matos e Sá intitulado "Invenção de Eros". Os seus instantes surgem de excertos desse poema. Daí o seu destaque, em negrito, neste exercício poético.

1.

Há um lago no rosto da casa
aberta
na face das tuas mãos.

Talvez
somente os teus olhos
o desvendem.

Talvez o vento
de passagem
em ti recolha

a Invenção de Eros.

2.

Venho da distância.

De longe,
onde o sol se deita
para regressar

qual criança
que reinventa o mundo
com suas próprias mãos.

3.

Fui procurar-te,
como um rio que demanda
a razão do mar,

para ser contigo
nos caminhos do sal.

4.

Aproximei-me da raiz
das palavras e dos gestos
quando colhi das horas

os instantes

em que os olhos dizem
o que a boca silencia.

5.

Abre-se a fenda do poente.

A luz anuncia
a sua queda.

Deita-se
rigorosa
sobre o corpo do horizonte.

6.

Este é o tempo que invadias
com o misterioso
acordar do teu rosto na memória.

Tela de súbito iluminada.

A vida como um jogo
em que sempre se perde.

7.

Colhi o fruto proibido.

A maçã
da própria dor.

8.

Acorda-me um nome antigo.

Como água
que se demora na vidraça.

9.

Uma voz no refúgio do ventre
de um búzio,

reclama por mim

como se cativa
a minha face fosse
desse nome.

10.

Ancestral, a lágrima
lapida
a pedra do tempo.

Procura
a última depuração.

O rosto que fosse
a imagem perfeita.

A face onde o nome exacto
acordaria.

11.

As mãos moldam a terra,
fecundam-na.

Sabem do rigor
da sementeira.

Ou da safra
como se anunciassem
o dia em que virias
rente às sombras do estio.

12.

Da límpida substância
dos teus rios
risos

como barco à deriva
no descanso dos remos

fui-te inventando
e a memória
reabrindo a paleta
de fragrâncias
dos teus lábios

e derivando
indago o naufrágio
do teu corpo
dentro dos meus braços

13.

Eros habita as fímbrias da brisa.

Ouve-se a candura
dos seus murmúrios,
entre os meus dedos,

quando desfiam
os teus cabelos ausentes.

14.

e os sóis mais densos puros e precisos
descenderam
às minhas mãos

teceram gestos por haver
risos
no despertar das cortinas

olhares
na urgência de um voo

cartografias de um desejo
ática reencontrada

15.

penélope tece o último
ponto

a soleira dormita
à sombra
que o ocaso lhe oferta

a porta embora desperta aos gestos
que a casa reclama
é qual vela
que repousa na arandela

entregue ao desígnio
de fenecer

16.

vieram dar-me a sombra dos teus passos
os que escuto
quando a noite desce
e semeia a sua teia

talvez um dia
os teus passos sejam luz
mais do que imagens antigas
na epiderme da alma

passos com rosto
um sorriso

observa
a criança remexe na areia
há um castelo
que lhe brota entre as mãos

17.

Pouco me pertence
de facto,

um nome e um rosto,
duas datas,
sendo uma a decifrar.

Mas tenho como meus os teus passos.
E já não eram meus
senão de erguê-los.

Pertencem ao instante
em que os escutei.

Em que me acompanharam
à mesa
onde o teu lugar
era a tua face
e os lábios e os cabelos

e o teu olhar
para ninguém voltado.

18.

Mas quem à dor se entrega de não ter,
tendo esta escassa raiz
de um instante
que lhe serve de guarida?

Pois sabe que a memória
não é qual vitral
que a luz recusa,

mas surge plena como o pleno amor
de que nascias.

19.

As palavras,
sempre as palavras como madeira
reduzida
às cinzas das sílabas.

O que vale uma palavra
na tua ausência?
 Pergunto,
enquanto Eros refaz as suas regras.
Sempre.

20.

Talvez nas mãos resida a mesura
exacta do mundo.

As mãos em pleno voo,
se o deus,
que rege os gestos da ternura,

as liberte
das amarras do tempo.

21.

Nada que a ti seja igual
encontrarias, amor,
sobre o mundo.

O que ficou é,
somente,
esta cama vazia.

Desfeita
por um amor ausente.

22.

Enumero o que resta, o que fica
no silêncio da casa.

Nos risos gravados
na madeira
que ainda sussurra
na lareira.

Tudo aguarda
pelo teu olhar.

Como um deus sem palavras,
esquecido,

desabitado?

O LIVRO DO REGRESSO
Prémio de Poesia Raul de Carvalho – 2005,
organizado pela Câmara Municipal de Alvito
(Edium Editores, Matosinhos, Portugal, 2008)

*

é outro o olhar que nasce
no poente

embora de asas feridas
cansadas

voa rente ao espanto
ou da semente
de onde outrora partira

*

no dorso do vento
pelos caminhos do monte
viajam frágeis vestígios
de um cântico

ou de um poema
de súbito bordado a oiro
pelas bátegas
céleres mas suaves
do sol

*

a distância
vestia-se de xisto

conjugava o verbo da neve
ou da chuva

dentro
a madeira gritava
ainda
o esplendor do fogo

ou talvez uma história

uma criança correndo
ao redor de um poema

*

eram brancos os fios desfiados
pelo vento

havia um sabor a sal
impreciso
no olhar

onde as mãos tocavam
sentia-se o fluido
sereno
de uma voz antiga

*

a casa

ruínas
que a memória acordava

*

o quarto ali estava
era agora o recanto das aves

em seu canto
ou no alvoroço
de seu voo
reinventavam a jóia

essa
que habitara aqui
neste preciso lugar

chamava-se amor

recordo

*

deitei-me
longa fora a viagem

as estrelas como lençol estendido
aquecendo o olhar

e esta pedra
sussurrando imagens
como a almofada da infância

se o olhar fechasse
sabia
que seria feliz

*

ouço a voz da minha mãe

minha avó fora para os campos
e meu avô
com os rebanhos para os pastos

meu pai elabora a madeira
que gravará os passos
na casa senhorial

minha mãe ficara em casa
canta a roupa estendida
ou o pão do forno saindo

*

vejo a mágica palavra

a primeira desenhada
na minha ardósia

o giz colorido
a mão fugidia

vasco da gama
pedro álvares cabral
fernão de magalhães

caminho
marítimo para a índia
terras de vera cruz
circum-navegando o mundo
tudo tão pequeno

a giz na ardósia meu nome
descoberto
conquistado

*

o tear iluminava-se
o azeite entregava-se
ao fogo

numa secreta melodia
a luz brilhava

entre acordes
o fio inventando o corpo
com que minha mãe desenha
um beijo

a porta de entrada
no mundo dos meus sonhos

*

todos partem

emoldura-se de pó
a distância

uma lágrima
cumpre o seu mistério
descendente

quem regressa
serenamente aguarda
a estação das colheitas

conjuga as cinzas
com o verbo da terra

*

na boca do vento
as silvas pronunciam
o hálito das amoras

lambem os muros
na ardência das sombras
no jogo do sol

festejo a chegada das aves
riachos correndo
sulcando as margens
na face das pedras

na boca do vento
encontro o riso das compotas
nos meus olhos de menino

*

sinto nas mãos
o baraço de um pião

este roda
rodopia

no pátio
desenha a ilusão

o mundo inteiro
na palma da minha mão

    *

remendados os bolsos riem como
loucos

têm a sageza
do tempo

e a alegria
de caricas e berlindes
de fisgas e piões

têm na memória
índios e coubóis
polícias e ladrões

remendados
os bolsos riem
dos buracos que têm

    *

da alvura da farinha
recordo o encanto da água

as mãos criando
conjugando
a morte da fome

e o forno quente
clamando a fecundação
de seu ventre
e a fragrância afagando
as arestas da casa
esculpindo a memória
em negros traços de alegria

*

a cinza o círculo desenha
na face do pó

bem sei
é na sede da terra
que se esboça
o nascente e o poente
do próprio sol

*

recolho o rio
traço azul sobre a parede

a música
do seu passar sulca a cal
por onde o sol se revê

vendo-o
recordo a frescura
das suas águas

o estio flui nas veias da memória

*

a enxada engravida a terra

extensa
a pele abre-se

indaga-se
na urgência da semente

*

nega-se a escrita da pedra
o epitáfio
a palavra fim

o nome da eterna saudade
entre margens

duas datas
dois marcos geodésicos

a viagem inscrita
na face dos caminhos

nega-se o destino
das cinzas

como se procurássemos
soluções
para adiar o inadiável

*

é nestas casas
nesta aldeia

onde a infância regressa
entre o fumo ascendente da lareira

que decifro o mistério da morte

compreendo os rios
e o seu desejo de sal

a conjugação do sol
no dorso do poente

desenha-se o regresso no momento
da partida

*

o que antes eram destroços
ruínas
vestígios de passos apressados
dados e perdidos
ao longo dos anos
agora ganhavam
a coloração pura de um sorriso

morangos amoras nêsperas
a surpresa de um sabor

a descoberta de algo
que se julgara
irremediavelmente
perdido

como se fosse um álbum fotográfico
em que cada foto
nela trouxesse
para além da imagem
nela cativa
uma oculta história
urgente a contar

*

canto o parto do outono

as folhas
em ânsias de voo

a melodia
da chuva na vidraça

ou a voz
na lareira renascida

*

cada palavra traz o vento
no seu ventre

despede-se da boca

em voo

*

observo as folhas que se despedem
do corpo das árvores

descrevem a queda

um voo
no dorso do vento

que as aguarda e acolhe
*

enquanto o sol aprende
as canções da erva

sobem aos pastos
os rebanhos

*

é súbito o acordar
da música

os seus acordes de orvalho
ascendem
nos passos dados

em silêncio
rumo ao planalto
pelo pastor

*

agora é o ágolo
que leva o peso
dos tempos
das memórias

árvores
gestos vorazes do fogo

qual esponja que na ardósia
apaga o nome
da própria infância

*

escuta

o vento passa célere
rente ao dorso da semente

como se inventasse um caule
o devir de um corpo

a palavra inaugural
do próprio poema

*

conjuga-se o verbo terra

onde antes fora ferida
de enxada
agora é raiz

veia que indaga
o coração da água

*

os pássaros semeiam o desejo
da viagem

da distância

no frondoso corpo
de uma árvore

*

a saudade

que se veste de azul
em seu olhar vegetal
moldado pelo vento

é desenhada pelas aves
quando esboçam a partida

*

quem a plantou
sonhara com seu destino

dera-lhe corpo de barco
corpo de cinzel

que enseja
depurar as ondas

*

este é o parto anunciado
as mãos que lhe afagam a face

das entranhas
a forma surge plena

casco
proa
mastro

palavras navegantes
nadas da seiva
como fonte inaugural
de um verso

*

a noite
é uma aguarela
suspensa no olhar dos rios

entre a folhagem de uma árvore

no canto deliciado
de um sereno vento
de visita
*

entrega-se o corpo
ao jogo das sombras

desenham-se desejos

há um copo de vinho
no cume da lareira

brilha e baila
rubro
no corpo da chama

a sombra

*

escreve-se sobre a terra
o movimento perfeito

uma ave
desenhando uma elipse
mesurando o universo

ou a música
o cântico iluminado de uma flor

NOVE CICLOS PARA UM POEMA

Prémio Literário da Lusofonia – 2007, organizado
pela Câmara Municipal de Bragança
(Edium Editores, Matosinhos, Portugal, 2008)

> Minha pátria é a língua portuguesa
> *Bernardo Soares*

I

> mereço o meu pedaço de chão.
> *Agostinho Neto*

1.

não há palavras proibidas
todos os sons são livres de voar

2.

ao longo dos anos
semeei versos
como passos no caminho
que chamei de meu

alguns ainda os trago comigo
são o meu legado
o meu quinhão

meu naco de chão

3.

um dia colherei da primavera
as fragrâncias dos versos
mais subtis

como uma folha em voo
no pico do meu outono

neste chão que conquistei

4.

mereço este meu chão
esta palavra
pedra erguida que afronta o medo o mar
que teima em convocar
tambores
de ritos ancestrais
de aras onde o cordeiro se entregava
ao gume do silêncio

mereço este meu chão esta palavra
este meu pomo de liberdade

II

> O mundo é grande e cabe
> nesta janela sobre o mar.
> *Carlos Drummond de Andrade*

1.

o mundo é como esta árvore frondosa
que se ergue altiva frente à casa
da minha infância

mesmo distante
ainda lhe descubro
a fragrância dos frutos

e recordo a sua sombra
onde adormecia o sol
nas tardes de estio

2.

talvez a árvore seja só imagem
retrato incrustado
nas paredes da minha memória

mas a árvore existe
ainda reside no olhar
que habita a janela da casa

3.

aprendi
com o passar dos dias
que as mãos vão para além
do que entre elas possuem

mergulham
no próprio mistério do ocaso
como parteira
que no breu procura
o que a luz deseja

4.

e o mar
testemunha de aventuras
de arquipélagos
que só os sonhos sabem da existência
mansamente
se recolhe no ventre de um búzio

aí diz que o mundo todo
habita nesta janela
onde a criança esculpe o próprio o espanto

III

As rochas gritaram árvores no peito das crianças
Corsino Fortes

1.

sabia de um cinzel
distante
que partira qual ulisses
para escrever o seu regresso
com a caligrafia
exacta de um grito

2.

um dia aprendera o valor
das palavras puras
e plenas
do voo das aves
no esboço de uma ilha

3.

há uma jangada
na descoberta da voz

um grito
nado na boca das amarras

4.

aproximou-se
sentindo a respiração
das rochas

rente aos pulmões do mar
onde uma criança brota
das árvores de espuma
que se recolhem
junto aos pés do areal

IV

> Que as mans collan cinza
> das sementes do ar
> *Xavier Seoane*

1.

ardem as mãos na demanda
julgada impossível
de colher nas cinzas
de uma pompeia projectada

mas sonham as mãos
o oculto corpo que se revela
na informe face do silêncio

2.

porque há um barco
na deriva do mar

remos
na luta das correntes

mãos
entregues a uma voz
que só a terra sente

3.

e há uma pedra
qual muralha em redor do desejo
que de súbito tomba
sob a persistência
do vento

4.

colhem-se cinzas das sementes
do ar

palavras que acordam na voz
como um grito

ou um poema

V

> Canto as mãos que foram escravas
> nas galés
> *Julião Soares Sousa*

1.

aos vindouros
deixo as anotações deste meu tempo
e do tempo
que me moldou

vestígios
da minha memória

porque é a única
a verdadeira
herança que importa deixar

2.

habita na minha voz
o arrastar das correntes
o rumor da senzala

mas canto
canto as aves o mar
com a música da terra
onde deixei o meu olhar

3.

e canto as lágrimas
punhais cravados na face
do meu povo

e canto a esperança
o riso das crianças
do meu povo

4.

conheço o silêncio
das horas amargas

as mãos rentes à face
ocultando o olhar

mas sei também das sílabas
que em música se erguem das cinzas
no orgulho de resistir

VI

> Tenho que arder
> Queimar tudo com o fogo da minha combustão.
> *José Craveirinha*

1.

guardo os gestos os nomes
os utensílios

trago-os na algibeira

são cinzas que as mãos remexem
restos
desta imensa fogueira que é a vida

2.

escuto as sombras
que se arrastam pelo pó

ardem
no mistério das horas
que virão

3.

nada em mim é efémero
tudo permanece
rente à pele

queima
com os passos dados
na invenção do meu próprio caminho

4.

sou filho fruto desta árvore
que se entrega
sem rancor
aos lábios do fogo

meu destino é arder
aprender
a língua secreta das sementes
que em cinza em mim germina

VII

Havia um homem que corria pelo orvalho dentro.
Herberto Helder

1.

foram as mãos regidas pelo olhar
que atearam na voz
o fogo
que nomeara
a primeira das manhãs

2.

o orvalho desenhara uma cortina
sobre a ampla
janela da alvorada

descia pelas fímbrias de um gesto
como um homem que contempla
o brotar de um novo dia

3.

reside o poema
naquele breve escasso
vislumbre
como uma janela
que se abre simples porque plena
para a morte

4.

e um homem corre
rio enfim liberto
das margens
para sorver do sal
os lábios da lua
o ventre das marés

VIII

> As palavras do nosso dia
> são palavras simples
> claras como a água do regato
> *Alda Espírito Santo*

1.

no côncavo de um verso
a água repousa
serena

aguarda pela sede de uma sílaba
de passagem

2.

um só acorde acordaria
o espanto da noite

uma ave que cruzasse as mãos no erguer
da casa

ou um filho que viesse
dobrar o horizonte
onde o olhar do pai
repousasse

3.

porque é simples a palavra
com que se molda o dia
e frágil o sentido
das coisas mais belas
um pão nas mãos da fome
um ribeiro na boca da sede
uma ilha no olhar de um náufrago

por que feres os passos
e traças a sangue
a via do poema

4.

rendo-me ao caminho
teço o verso que me falta

vem do segredo da terra
da música das águas

das simples palavras
com que amasso o pão

IX

> falar para a lua
> pelas janelas da noite
> *Xanana Gusmão*

1.

enumero as palavras colhidas
nos riachos da memória
e sinto a fogueira
acesa sobre a pele

há estrelas
cintilam nas janelas do poente
em breve
a noite abrirá
as suas portadas
para revelar o breu

2.

talvez a lua saiba
por que lábios
se desenha
a palavra sede
no ventre das marés

3.

trago as armas
sílabas que se ocultam
na dobra das estrofes

como um sereno arado
que sulca as vias
para uma safra de assombro

4.

a terra reclama e acolhe
o próprio fruto

não há claro ou escuro

tudo é parte de um êmbolo
em constante movimento

LIÇÕES DE THANATOS
(Edium Editores, Matosinhos, Portugal, 2008)

Ao poeta José Félix

/um/

quando me ergui
da terra
compreendi

que os passos são golpes

sulcos
de um arado
para o regresso da semente

/dois/

não nego a noite

procuro-a
no eclodir da alvorada

/três/

a face entrega-se às mãos
como águas
que rasgam em silêncio
a epiderme dos dias

/quatro/

nada do que fui
permanece intocável

o rosto o nome
tudo se apaga

porque a memória
é montanha
que se desfaz
nas mãos pacientes do vento

    /cinco/

hipnos deita-se a meu lado
beija-me a face

recorda-me
do cântico das águas

calmas

nado dos lábios
da minha mãe

    /seis/

a morte é este mar
este hálito
que me acompanha
desde menino

    /sete/

quando no olhar
acorda o breu

resigno-me
à escrita impossível
da nascente

/oito/

perscruto
o decepar
do trigo

as palavras
em metamorfose

/nove/

são longos os cabelos
da noite

quando
o sol a prumo
dilacera a cal

/dez/

acorda em mim
a mão de érebo
o olhar de nix

quando as pálpebras
celebram
o corpo de dânaca

/onze/

ao décimo primeiro
dia

o décimo primeiro
movimento

o fascínio
da face no espelho

/doze/

escorro sangue
e sacudo-o
como cão do pêlo

a carne
pronuncia o meu nome

como se uivasse
para dentro
do ventre da noite

/treze/

a laje abre-se

como fêmea
consumida pelo cio

ao desflorar dos abutres

/catorze/

entre as mãos
o segredo das unhas
consagradas à terra

/quinze/

dilacero o ventre
das palavras

contamino-as
com as algemas
do sol

o que nasce
e renasce
para a morte

/dezesseis/

dou-vos a beber
os rios
da amnésia

onde as árvores
se debruçam

como cordeiros em ara
consagrados
à degolação

/dezessete/

as palavras
são aves

defecadas
pelo azul

/dezoito/

a língua dos rios
lambe
os ombros do mar

como embarcação
que a terra engole
na celebração do fim

/dezanove/

esquece as lágrimas
não as derrames
seu sal
para ti está guardado

/vinte/

retorno a artemisa
ao frio mármore
como quem renasce

/vinte e um/

disperso
de bronze
as entranhas

consagro à ferrugem
o sangue

enquanto a música
despede-se
do coração petrificado

25 CRAVOS DE ABRIL

Menção Honrosa (Poesia) no Concurso Conto e Poesia da CGTP-IN – 2007, organizado pela CGTP – Confederação Geral dos Trabalhadores Portugueses (CGTP-IN, Lisboa, Portugal, 2009)

CRAVO

há um cravo na boca do fogo
rubro como o sangue

mágica seiva entre veias
iluminando o coração
secreto

de uma vontade
escrita pelas letras da esperança

ZECA AFONSO

uma voz na madrugada
libertando-se
das sombras do silêncio

uma voz em canto erguida
que pelos caminhos de abril

floriu

TERESA TORGA

saúda-se a esperança
pela porta grande
do poema
cada palavra sai à rua
como ao mundo veio

desprovida de máscaras
ou jogos de espelhos

pura
como uma flor silvestre
que se ergue para ver o sol nascer

OTELO

defronte ao tabuleiro de xadrez
medita o gesto

o peão o cavalo a torre o bispo
a rainha
e o rei a proteger

sabe do risco de avançar
mas há que jogar

porque
nas suas mãos
detém o olhar da madrugada
de todas as alvoradas

MANUEL ALEGRE

há sempre um caminho
de regresso

uma ítaca entre as sombras
de um bojador

quem o diz
é esta voz
que sopra contra o vento

escuta

o seu murmúrio ensina
que o exílio é somente
o corpo deslocado

DIAS COELHO

na rua um cinzel tombado
recusa-se a cinzelar

na rua dos lusíadas
não queria demandar
as novas
para além do chão onde se deitava

ao seu lado
a mão pousada
a mesma que lhe dera movimento

enquanto a infâmia seguia
rua a baixo
com mãos de sangue

sangue que a água do tejo
se recusa a lavar

MURAL

sobre os símbolos o homem
livre

no cume do desenho de uma luta
sem tréguas

o desígnio de ler
a história
e a tessitura dos tempos
nela impressa

e saber que é um barco amarrado
ao cais
de essência navegante

porque o que antes era escravo
em breve será igual

VIEIRA DA SILVA

a poesia saiu à rua

caminha
entre e sobrea
multidão e o casario

habita a voz das janelas
e das calçadas

em cada coisa
por mais ínfima
se manifesta

    SALGUEIRO MAIA

trazia os mapas da vontade
de um ir e cumprir

fazer do sonho um corpo imenso
que rompe a mordaça
do silêncio

e liberta a voz de um povo
inteiro

num dia nado cristalino

    SOPHIA DE MELLO
    BREYNER ANDRESEN

em palavras azuis de um mar perfeito
que afaga as mãos
como se de ilhas de encanto e fortuna
se tratassem
decifraste
"o dia inicial inteiro e limpo"
onde os cravos
se semearam
na boca da esperança

anunciando por toda a parte
a hora
esta hora de mudança

> ADRIANO CORREIA
> DE OLIVEIRA

não há clausura quando a voz se eleva
e contra a correnteza sobe o rio
na demanda da nascente

do riso puro das águas
quando da terra brotam

esta é a voz que anuncia
o vento
que se resigna a passar

a voz luminosa
de um abril que irá nascer

> JOÃO ANTUNES

pertence às crianças
a revolução

os cravos que sorriem na plateia
de um passeio

às crianças
que da poesia fazem
uma ave entre as mãos

ou uma canção
que surge das sombras
para conquistar o sol

MANUEL TIAGO

moldam-se os caminhos rentes
aos muros
onde a palavra resiste às mãos
do fogo

esta semeia-se na pureza
dos sentidos
nos olhos que se conjugam
confidentes

ela conhece que sílaba
a sílaba
se edifica o poema

paciente este medra

sabe que é a hora das corolas
como punhos
cerrados

não de pétalas despertas
à luz

PAULO DE CARVALHO

e depois do adeus
haverá um caminho a percorrer

a madrugada desliza
sobre o silêncio
onde cada palavra
é um instante por cumprir

como um longo rio
que aguarda
a prometida ponte

e há uma pintura de esperança
nas cidades e nos campos

e uma ceifeira um soldado
um operário um povo

onde todos os símbolos
denunciam
o movimento irreversível

nas margens distantes
desenhando
traço a traço um abraço

porque o futuro é agora

JOSÉ GOMES FERREIRA

nos passos dados em redor
da noite

milita o poeta
na palavra

como um murro no estômago do medo

que clama do cume dos montes
dos morros

dos telhados
dos edifícios públicos
porque sabe
que a revolução
é esta desconhecida rapariga

que ao poeta se agarra
e beija a face do poema

FORTE DE PENICHE

escuta a voz do mar
a sua palavra azul

a pronúncia
das gaivotas em voo

e diz

quem te fez de dura pedra
para calares a voz
que escutas?

a voz que te ensina
a melodia
que nasce na canção da liberdade

RIBEIRO DOS SANTOS

da engenharia das palavras
não restou só o sangue na estrada

ficou a semente de um sonho
maior
que o próprio destino

sabias não haver
lugar
para mártires ou heróis

todos caímos
num dia qualquer

mas soubeste cair
de cabeça erguida

não seria
uma covarde bala
que a vergaria

6 DE OUTUBRO DE 1974

seria um domingo
como qualquer outro

talvez de futebol
ou de missa

talvez
somente de ombreira
ou soleira

mesurando os bíceps
de uma sesta

mas era domingo

um domingo que nascia
na boca de uma cigarra
esquecida nas estações

e de formigas
na obra suprema de um cântico
escutado
na antemanhã de um país

   1 DE MAIO DE 1974

havia um mar
ávido de sonho

nas largas avenidas da vontade

   CATARINA EUFÉMIA

não há alentejo sem a tua voz
ou a tua dor

não há safra que dê fome
sem que os detentores do pão
não descubram no seu sabor o sangue
que de ti fugiu

catarina eufémia
não efémera
ceifeira por um sonho
que na vida recebeu
uma ogiva de metal

quando outro coração
dentro de ti batia

batia

25 DE ABRIL DE 1974

puro é o sol que nasce de dentro
dos homens
como mel gerado
da primeira flor
da manhã

porque preciosa é a derradeira
gota de orvalho
que anuncia a alvorada

ao homem resta entender
a suprema linguagem

do sol que em si nasce
da flor da manhã
da gota de orvalho

e caminhar com olhos de criança
à descoberta do mundo

POETAS

podem amordaçar
os poetas que cantam o rumo das aves
ou o rumor oculto
nas árvores dos caminhos

podem dependurá-los
dos ramos mais altos
das figueiras dos montes
contando à sua sombra
as moedas de ouro
podem até traçar-lhes
a via de lorca
ou amavelmente
o brinde de sócrates

podem queimar seus livros
e da fogueira
aquecer a água
para como pilatos lavarem
suas mãos sem remorso

podem fazer tudo
e mais alguma coisa

mas não podem calar a sua voz
quando a sua voz veste
as vestes do seu povo

DAS ARMAS

também as armas têm nome
mesmo as que matam na calada
da noite das traições
ou nas trincheiras da angústia

também as armas se erguem contra o mestre
e seduzem
com suas línguas de fogo

mas também as armas
se calam e se espantam
quando os cravos
florescem nas suas bocas

PORTUGAL

ouvi-te falar
das serpentes ancestrais
e das ondas que batiam
em costas longínquas

de barcos e velas
e cartas e estrelas

depois de aromas e ouro
e palavras velhas
e novas

e havia um búzio
entre as mãos das algas
quando te abraçavam
no regresso

e um imenso desejo
de voltar a embarcar

e houve um dia em que tudo foi de novo possível
e tu portugal cumpriste-te

sei que não acreditas
que te cumpriste
mas o mar
está à tua espera

ouve
há uma sereia
que te canta da lonjura
há que reaprender
a escutá-la

CRIANÇA

imagino uma criança
a brincar

as suas mãos conjugam o sonho
e seus olhos a distância
a mesma que julgamos impossível
de alcançar

porque há uma criança que brinca
semeamos o poema
verso a verso
ao rigor das sílabas

porque amamos as crianças
deixemo-lhes como herança
a liberdade de brincar
a liberdade de sonhar

porque abril é um poema
que se pode escrever
em todos os dias
de todos os tempos

COIMBRA AO SOM DA ÁGUA
(Temas Originais, Coimbra, Portugal, 2009)
O ciclo enformador deste volume foi inspirado na colecção de postais: "Fontes e Chafarizes de Coimbra", editada pela Câmara Municipal de Coimbra, em 2004.

> Aos meus Pais,
> *Amélia e Francisco.*

FONTE NOVA

de azul e púrpura se esboça
o cântico dos cântaros

sôfregos

por um fio de prata nascendo
de seu ventre mineral

de azul e púrpura de agapanto
se matiza
o riso das crianças ao redor

como gotas de água saltando
de regresso ao regaço
de todos os começos

FONTE DA MADALENA

verão teus olhos madalena
que não outros
o que ninguém jamais verá

como o conchelo
vertical à semente do poema
que conjuga um verbo de água

a ti pleno surgirá
o verbo iluminado
do sol que nasce após morrer

FONTE DA NOGUEIRA

escuto o canto da sereia
ou talvez
seus risos de água

caem
à altura de um pitósporo
na demanda de minha alma

cativa náufraga
de seus acordes

FONTE DE CELAS

da clausura das palavras
que em silêncio
suavemente se desprendem
brota o olhar do mascarão

este observa
as mãos em concha que esboçam
as asas da mariposa
onde a sede enfim repousa

FONTE DO GATO

recordo

ressoa numa tela de foujita
o seu dócil miar
ou a sua memória
de egípcias areias

no entanto

ouve-se na distância
o canto da toutinegra
como se a pedra chamasse
reclamasse

o ósculo do nosso espanto

FONTE DO CASTANHEIRO

há um pombo no céu da cidade

arrisca o seu voo
entre as arestas
do próprio poema
que em suas asas nasce

súbito
descende à raiz da fonte

um sussurro o acorda e acolhe
numa sonata iluminada

FONTE DE SÃO JERÓNIMO

um desígnio de azeite
no silêncio da noite

labaredas na língua de um ramo
de oliveira

ou uma mensagem que brota
e se confunde com o mensageiro

há asas cristalinas
na epiderme da água

FONTE DA CHEIRA

arde a rosa ao nomeá-la
coroada ascende
à fenestra ridente de luz

em cada espinho
a descoberta da carne

a surpresa de um verso
entre as veias de pedra

FONTE DE SANTA COMBA

a saliva das amoras
nas doces palavras dos montes

ou uma orada
no sussurro dos caminhos

ou talvez as mãos despertas
na ânsia das colheitas

CHAFARIZ DOS OLIVAIS

desenha o poema
o rumor da água

as mãos entregam-se à descoberta
das líquidas palavras
da terra

onde se abre a boca
e nasce a voz dos artífices

eis a pedra
a mãe de todas as árias

a ópera da vida

FONTE DO POVO DO
CHÃO DO BISPO

a voz do povo é a voz de deus
a voz que canta o milagre
da colheita

que arde na memória
das fogueiras

na chama do riso
dos arraiais
no adro de uma igreja
a voz do povo é a voz de deus
a voz de uma fonte
nos lábios da terra

CHAFARIZ DA RUA
FLÁVIO RODRIGUES

todas as fontes têm sede

assim constroem espelhos
na paciência dos pássaros

estes velam
aguardam e assinalam
a chegada de narciso

da face de narciso sobre as mãos
dos seus espelhos

para matar a sua sede
de um só olhar

FONTE DO TOVIM DE BAIXO

são breves as aves que habitam
as águas do poema

engravidam de música as palavras
e partem

sabem que alguém em breve
as recolherá

e no côncavo das mãos
as levará à boca

na partilha de um segredo

FONTE DAS LÁGRIMAS

também o equiselo sabe
o sabor do sal

a ausência dos amantes
no rumor suave da água

também o equiselo sente
o canto por que chora

FONTE DO CASTILHO

da olaia
guardo a sua voz

em vermelho púrpura

quando anuncia maio
como se o cantasse

quem me a traz
são as águas

qual reflexo

que embalam
em seu regaço

FONTE DE VIMARÃES

pode-se um cântaro quebrar
um poema não nascer

pode o mundo ser somente
uma palavra por decifrar

mas em minha sede
se anuncia o teu manjar

como uma abelha em torno de uma flor
sabe o pólen que tece o seu mel

FONTE DE SÃO PAULO DE FRADES

era em redor das sílabas
do fio
frágil e delicado de um acorde
que deitava as palavras

estas adormeciam

seus sentidos voavam sobre o branco
de uma pedra ou de uma página

não sei

FONTE DA CONRARIA

como metáfora de cristal
que se desprende da boca
em silêncio
como pérola retirada
de dentro do corpo
de um poema

eis a tua voz
pura e frágil como o orvalho
no dorso das tardes de estio

FONTE DO ESCRAVOTE

o ninho desvenda o seu cântico
embora só a ausência se deite
entre seus ramos

mas a música
a música ficou

como uma fonte que seca
a palavra sede

FONTE DE SÃO JOSÉ

o carpinteiro carpia
a plaina sobre a madeira

sentia suas lágrimas
na grosa no trabalho das arestas

chorava porque sabia
que sobre a mesa que fazia

haveria pão vinho
azeite

e na sua não

FONTE DAS TORRES DO MONDEGO

Esventra-se a terra
na indagação da jóia. Onde germina,
é a voz da seara subterrânea,
manancial secreto de sonhos,
que nos aclama as mãos, o gesto,
o súbito rodar até à luz.

FONTE DO RIBEIRO

sobre a terra sulca a via
mas é no ventre
sob a epiderme que reside
a flor pungente do seu sonho

a que enseja romper
abrir a suprema ferida
para ser parte do corpo
de um vaso navegante

que persegue o sol
quando este se vai deitar

FONTE DE D. JOÃO V

coroemos
o ritual das águas
das fontes
como aves quando ciam

coroemo-lo pois com diamantes
breves

e perfeitos musgos

MINA DA QUINTA DE S. ROQUE

explica-se a fonte
na coroação do estio

junto à sua raiz
procuramos a sombra

autêntica perfeita

onde nos deitamos
negando o nosso destino

de cal

FONTE DOS AMORES

por que lábios nasce esta rubra ave
em que pedra o seu grito
cativo ficou

pergunto-te fonte

mas tuas águas calam
o que em silêncio pronuncias

MONTE MAIOR SOBRE O MONDEGO

Menção Honrosa (Poesia) no Prémio Literário
Afonso Duarte – 2004, organizado pela Câmara
Municipal de Montemor-o-Velho
(Temas Originais, Coimbra, Portugal, 2010)

I PARTE

COROA

Primeira Torre –
ABADE JOÃO

Pela nobreza,
não lutara,
mas pela dor de nada ter.

Só este silêncio informe
de um preso grito
numa imagem
repetidamente exposta
de amado corpo degolado.

E a mourama aqui tão perto,
cercando
asfixiando o próprio poema.

E o vento
calando na pedra
a canção da vitória.

Ouve, a morte ri,
não vem do rio,
desce das muralhas.

Escuta,
não fora a esperança
que fenecera,
era o medo a germinar.

Segunda Torre –
MOUROS

Vinham do sul
traziam na tez
a coloração do sol
e a mestria
de domar as águas.

Bebiam dos rios
as palavras
que semeavam
ao ritmo das estações.

Também aqui
por terra de Munt Malur,
pelos campos do Mondego,
cultivaram tempos
e memórias.

O seu legado,
escuta-o,
vem na voz do vento,
no murmurar da terra,
no sussurro das pedras.

Terceira Torre –
ESTHER DE CARVALHO

Quando o pano sobe
e a luz nasce,
é outro
que não eu
que vos surge
rente ao olhar.

Mesuro o ser
por gestos e palavras
e trago-vos as novas
de um mundo novo,
o vosso,
mas diverso.

Quarta Torre –
ANTÓNIO RODRIGUES CAMPOS

Não há futuro sem passado,
fruto sem semente,
poesia sem música.

Tudo seria terra árida,
vento agreste,
rio sem desejo
de ser mar.

Um povo sem memória,
é um povo
que se resigna
a perecer.

II PARTE

ESCUDO

Primeira Torre –
JORGE DE MONTEMOR

Nasce o poema,
a palavra,
a sementeira do verbo,
da música.

Lo deseo,
eres la palabra
susurrada
de todos los ríos.

Tal vez
la palabra amor.

Talvez
a palavra dor.

Talvez.

Segunda Torre –
FRANCISCO PINA E MELO

Havia a palavra
e a exacta medida
de cada verso.

Trazia nas mãos
todos os utensílios
e o fogo
germinando no olhar.

Cada palavra
era delicada,
do mais puro ouro.

Brilhava
qual metáfora solar,
filigrana
iluminado de dentro.

E cumpria
o seu supremo ofício
de ourives da poesia.

Quina de Portugal –
ANTÓNIO CORREIA DA
FONSECA ANDRADE

De onde vem este rio imenso
onde meus olhos se descobrem?

Que asas de ouro
o fazem voar ao poente?

Que fogo é este
que lhe adoça a face?

De onde vem?
Por que águas?
Por que sal?

Indago a semente
deste fruto,
desta flor
qual nascente deste rio.

Terceira Torre –
AFONSO DUARTE

Escuto os teus poemas
e sente-se no sangue,
que flui em teus versos,
a voz do teu povo.

O que se ama
porque dele brotámos.

E a palavra mãe.
A palavra filha.
A telha vã.

O aroma da terra
de rosas florindo
e as mãos levando
seus espinhos.

E a palavra como enxada,
sulcando a página,
fecundando cada verso
com os gestos.

Escuto
em teus poemas
o rumor do Mondego.

Repara como dorme em tuas mãos.

Primeira Flor de Lis –
MANUEL JARDIM

Alva era a luz.

A tela,
a janela desperta para o mundo.

E as mãos,
essas,
eram as obreiras:

colhiam mel em silêncio.

Segunda Flor de Lis –
MANUEL DE MACEDO

O olhar
é qual ave de rapina.

É um imenso rio
onde todas as cores
se encontram
e comungam
do mesmo ensejo.

Cada paleta traz
o sentido de um grito,
de um silêncio,
de um sonho,
uma memória.

O olhar cativo,
em fuga,
em fúria,
em febre ardendo à flor do branco.

Primeira Faixa Ondada –
FERNÃO MENDES PINTO

Nas mãos,
toma o próprio destino.

Há,
ao longe,
um mundo e outro mundo
se abre no olhar.

Viandante,
não de sandálias
por pó urdidas,
mas de arestas do sonho
a oiro traçadas.

Não de cajado
sob o peso da amargura,
mas de hirto ensejo
de demandar para além,
para lá da raiz
da própria distância.

Segunda Faixa Ondada –
O SEM NOME

Não contaram minha história.

Não houve rima
ou tempo
ou pena
ou tinta.

Trouxe nas mãos o ofício dos ventos,
da madeira navegante.

O pouco que era meu,
comigo foi.

Fui gente,
somente,
mas zarpei.

Terceira Faixa Ondada –
DIOGO DE AZAMBUJA

Quem o rio sente
sonha o mar.

Cedo aprendeste
a soletrar
os ventos e a lonjura.

Talvez aqui,
no topo
desta Torre de Menagem,
com o olhar navegando
pelos dóceis campos
do Mondego.

Havia
no teu corpo
uma vela a enfunar
e um mor desejo a cumprir.
E rumaste para sul
com as aves
consortes do sol.

E ergueste na distância
o grito em pedra
da tua demanda.

III PARTE

LISTEL

CASTELO DE MONTE-MAYOR

Acordai,
pedras,
que vos chamo.

Dizei-me
dos segredos e sonhos
das mãos que vos ergueram.

Dessa alta mirada,
de onde olhais para a lonjura,
falai-me
do curvado povo
nos arrozais,
do sereno
ofício do sol,
das lendas
que o Tempo,
em seu lento caminhar,
em vós guardou.

Acordai,
pedras,
que em breve partirei.

Levar-vos-ei comigo
como quem leva um verso
ou uma ave
no olhar.

DIZER DO PÓ
Prémio de Poesia do Concurso Literário Manuel Maria Barbosa du Bocage – 2010, organizado pela LASA – Liga dos Amigos de Setúbal e Azeitão (LASA, Setúbal, Portugal, 2010)

1.

se acordares e a casa for o mundo
e o sebastião alba atravessar
a avenida da noite ou de um verso
a casa é o poema onde o poeta
à entrada se descalça

2.

a casa é qual seara de sussurros
entre o musgo das palavras
que dormem entre retratos
também estes suspensos
por uma ausência

3.

se te olhasse de perto e decifrasse
a língua da cal
acordaria a ardósia de antanho
para escrever
simplesmente o meu nome com teus signos

4.

o muro onde a sombra se esconde
quando o sol nele se senta
enamorado pela cal
sendo limite não limita
antes me diz só volta quem partiu

5.

canta a enxada o canto do meu pai
a sementeira próxima da voz
em que o poema sulca outro destino
este que me pertence quando o colho
sendo teu quando passo o testemunho

6.

aproxima-se a lenha do fogo
quando o inverno
invade a palavra frio
forja-a lentamente pelas mãos
da derradeira folha que esvoaça

7.

o velho tear guarda ainda o fio
da última colcha
como se dispensasse uma moldura
o seu lugar em memorial
bastar-lhe-á um gesto e nada mais

8.

é em redor da mesa que os afectos
regressam e se sentam
descendo das paredes dos móveis
das palavras guardadas pela casa
na cadeira vazia que os aguarda

9.

uma cena de caça resiste
ao tempo uma fissura denuncia
a vida que viveu
mas brilha ainda na terrina
que reina sobre a mesa iluminando-a

10.

uma fotografia acorda no álbum
como um sorriso à face dos dedos
sorrio também e em mim
há uma melodia que se acende
agora que voltei e sei da morte

11.

do teu corpo nu que arde nos meus braços
ao pão que dorme em útero de fogo
tudo se rende ao gesto do amojo
tudo em casa se vela
à janela virada à primavera

12.

quando me falam do poema
não sei do que me dizem para mim
o poema não há vai-se moldando
em cada um dos fragmentos que ao silêncio
furto para ao silêncio ofertar

13.

quando te vejo sei daqueles versos
com que o ary dos santos vestiu a
voz da simone sei que quem faz um
filho mãe como tu fá-lo por gosto
mãe que hoje sem saberes me adormeces

14.

o eugénio de andrade fez do olhar
na fuga uma ave
mas uma ave que se entrega
em cada signo revelado
entre as mãos da criança que se espanta

15.

o ruy belo desceu este caminho
onde o branco viu como uma bandeira
da paz íntima da terra
e disse-o na margem da alegria
onde por inês pedro tanto erra

16.

trouxe comigo um verso do rui knopfli
para que não dizendo
entre margens dizer-te um poema
contigo dentro rio um poema
pois tudo entre nós foi dito

17.

em tempos trouxe o cânticos dos cântaros
o segredo das águas das fontes
o sussurro do rio a sinfonia
de pedra cinzelada pelas ondas
só resta enamorar-me pelo sal

18.

sinto a casa qual livro a escrever
são páginas que o tempo gravará
a pó porque o pó é o ouro
que se recebe e
com que se paga cada passo

19.

por vezes a memória não é
mais que um mapa de sombras um baile
de máscaras cortejo pleno de ecos
em suma uma ardósia
onde o giz vai fugindo com o vento

20.

regresso à violência dos dias
traço a traço marcados no meu rosto
mesmo sabendo que me aguardas
que és pó e cinza dos meus passos
sabes devo cumprir esta loucura

21.

depois de tudo resta-me o silêncio
entre dedos tecendo as palavras
impronunciáveis
como se o mundo fosse o regresso
eterno ao dizer do pó

ANOTAÇÕES SOBRE OS OLHARES NO ÓLEO SOBRE TELA "RETRATO DE MULHER OU LE DÉJEUNER" DE MANUEL JARDIM

Menção Honrosa no Prémio Literário Afonso Duarte – 2010, organizado pela Câmara Municipal de Montemor-o-Velho
(Temas Originais, Coimbra, Portugal, 2011)

***

habita o olhar uma secreta
melancolia

observa algo na distância
imprecisa

um só horizonte
mas longínquo

talvez uma janela
defronte
o descubra

em todo o seu esplendor
de luz

***

outro
é o olhar
que indaga a mulher
misto de desejo
e deslumbramento

com a luminosidade
que lhe veste o rosto

***

ao fundo
uma quase silhueta

uma serviçal
de passagem
leva uma bandeja

como se levasse
uma confidência

um segredo

***

fixo
o olhar esvoaça

como se percorresse pelos campos
de uma saudade

talvez os campos do mondego
os seus imensos arrozais

paris aqui
paris tão distante

***

ascende o fumo de um cigarro

funde-se com o breu
de fundo

o fumo
ou o pensamento

aves que migram
no âmago do olhar

***

a luz
é uma rara pedra preciosa

vislumbra-se nítida
uma mesa

e o corpo feminino
que se insinua

cândido
sereno

como uma ave
que sabe ser o sul o seu destino

***

os cachos
pronunciam o vinho

pendem da fruteira
sabem que o seu mistério
não será revelado
na madeira

com a paciente
sabedoria dos tempos

outro é o seu desígnio

***

os frutos despedem-se
sabem de um poente
rente ao silêncio que os habita

de súbito
são desejo e ave

partem
no dorso do olhar

como se olhar houvesse repousando
sobre os seus corpos

***

de novo
o olhar nos cativa

ele conduz-nos
faz-nos descer ao colo

as mãos nele repousam
também as aves regressam

a primavera
é a flor ao centro

***

o que o pintor demanda
num rosto

senão o mistério
que o olhar oculta

e revela

no preciso instante
em que se capta?

o brilho de uma flor
ou de uma ave
que indaga o sol

***

entra em casa o silêncio

há uma fresta
na voz das sombras

um grito
que se desenha no breu

ou um traço
que promove o parto
da música

na serena partitura
de um olhar

***

onde nasce a luz?

onde
as tranças se desenlaçam
suavemente
da paleta e deslizam sobre a face
desta mulher?

que fresta lhe acorda
o voo no olhar?

***

é a noite
que inteira invade
os recantos da sala

só nesta mulher
acende o seu luar

o seu manto estelar

enquanto lá fora
o sol grita
em todo o seu esplendor

***

as mãos entrelaçadas
como se tecessem
um caminho

um destino

uma secreta tapeçaria
com sonhos por fios
e a memória por tela

***

só quem nasce à beira rio
sabe por que murmuram estas águas

estes olhos intensos
com sede de distância

chamemos-lhe
sena tejo mondego

um rio tem o nome
que o desejo
neste olhar encontrar

***

a mulher é como este rio
é mãe ou amante

seus braços
as margens de um abraço
seu corpo
um imenso leito

seu ventre
um porto de abrigo

e os seus olhos

os seus olhos
são as mãos que moldam
o próprio sonho

***

o que dizem
as palavras

não o que dizem
não o que escutas

mas o que sentes

***

tudo nomeio
e nada
na essência
é nomeável

tudo é mera aparência
aproximação

***

anota-se um olhar
uma ave em fuga

insinua-se um segredo
num discreto murmúrio

breves são as águas
ou o cântico de um sonho

tudo é o retrato
de um só olhar

Impresso em São Paulo, SP, em novembro de 2011,
com miolo em off-set 90 g/m², nas oficinas da Corprint.
Composto em LeMondeLivreNormal, corpo 12 pt.

Não encontrando este título nas livrarias,
solicite-o diretamente à editora.

Escrituras Editora e Distribuidora de Livros Ltda.
Rua Maestro Callia, 123 – Vila Mariana – São Paulo, SP – 04012-100
Tel.: (11) 5904-4499 / Fax: (11) 5904-4495
escrituras@escrituras.com.br
imprensa@escrituras.com.br
vendas@escrituras.com.br
www.escrituras.com.br